LES NOCES

DU

PERE DUCHESNE,

COMÉDIE,

EN DEUX ACTES ET EN PROSE,

PAR M. DORVIGNY.

Repréſentée pour la première fois, à Paris, ſur le Théâtre de l'Ambigu-Comique, le 26 Décembre 1789.

Prix 1 liv. 4 ſols.

A PARIS,

Chez CAILLEAU & FILS, Libraires-Imprimeur, rue Galande, N°. 64.

1789.

PERSONNAGES.	ACTEURS.
LE MARQUIS.	
LA MARQUISE.	Mᵉ. Chennier.
LUCILE.	Mˡᵉ. S Quentin.
DUCHESNE.	M. Dorvigny.
GILOTIN.	M. Moreau.
VA-DE-BON-CŒUR, Soldat du Réziment du Marquis.	M. la Ville.
Trois GARÇONS du père Duchesne dont un parlant.	M. le Lièvre.
LUCAS, Paysan.	M. Thyemet.

La Scéne est au premier Acte, dans la Boutique de Duchesne. Au second Acte au Château du Marquis.

LES NOCES

DU

PEREDUCHESNE,

COMÉDIE.

ACTE PREMIER.

*Le Théâtre repréfente la Boutique du père Duchefne.
On y voit des tuyaux de poële, des briques, des
colonnes, des figures d'hommes & d'animaux, &
des poëles de différentes grandeurs. il y a une
fenêtre en haut.*

SCENE PREMIERE.

GILOTIN, *entre feul.*

C'EST ici fa Boutique, je crois, à ce gros vilain
brutal.... Oui, v'la des poëles, des tuyaux ; v'la
tout le bataclan ! elle n'eft pas mal gardée comme

A 2

ça! y n'y a perſonne!.... Ah! ſi fait v'la, les Garçons par là bas dans le fond qui travaillent. C'eſt
bon, j'en vas appeller un & je l'y donnerai ſte
lettre là, pour qui la remettre à Mamſelle Lucile;
quand elle va revenir du Château avec lui......
Car à préſent que v'la les accordailles faites, y
ne vont pas ſe quitter..... Et pis y vont aller
faire leurs viſites enſemble. Sarpedié! comme
j'ai donc ſumé, moi, à ce maudit ſouper que le
Marquis l'y a donné là hier! j'y ai attrapé la jarretière de la mariée par deſſous la tabe; mais ce
vilain jureur là m'a lâché un rude coup de pied
toujours! J'ai ben crû que j'en avais les reins
démanchés. Mais c'eſt égal; v'la ben de quoi
pour qu'il me la paye; ſte lettre là qu'il a laiſſé
tomber, qu'and Mamſelle Lucile va la voir, ça
va mettre fièrement de la brouille parmi eux!
Quéqui fait.... Si elle ſe pique ben fort, y n'y
a que le contrat de ſigné, on pourrait encor dé-
chirer ce mariage là. Ça fait qu'elle me revien-
drait à moi.... Ah jarni! Je n'y renonce pas encor...
Voyons un peu, appelons quéque-z'un. (*Il ap-*
pelle.) Monſieur le Garçon! Hola! Monſieur le
poëlier, s'il vous plait.

***

SCENE II.

GILOTIN, UN GARÇON, *venant d'une*
chambre à gauche.

LE GARÇON, *bruſquement.*

QUEUQUE vous-voulez?

GILOTIN, *à part.*

Diantre! il eſt ben rude auſſi ſti-là! on dit ben vrai! tel maître tel valet.

LE GARÇON.

Eh ben! parlez donc. Queuque vous demandez?

GILOTIN.

Eh Monſieur, ne vous fâchez pas. Je vous demande pardon.

LE GARÇON.

Pardon! Eh ventrebleu vous ne venez pas ici pour me demander ça prêtre. Vous êtes donc un imbécile, vous!

GILOTIN.

Non Monſieur, c'eſt pas ça, c'eſt que vous le prenez mal, c'eſt une politeſſe de ma part.

LE GARÇON.

Eh! gardez vos politeſſes, & laiſſez nous travailler. J'avons affaire à un maître qui n'eſt pas poli lui, & qui n'aime pas qu'on perde ſon tems. Bonjour.... (*Il s'en va.*)

GILOTIN, *le rappellant.*

Mais écoutez donc, Monſieur le Garçon, je veux vous dire quéque choſe.

LE GARÇON, *revenant plus bruſquement encore.*

Eh ben ventregué, dites-le donc, vous reſtez là comme une bête!

GILOTIN, *ahuri.*

Mais voyez donc comme y me parle!... On voit ben que c'eſt le père Duchefne qui l'a éduqué ſti-là!... Tenez, Monſieur, v'là t'une lettre qu'eſt pour Mamſelle Lucile. Vous la l'y remettrez quant elle viendra: mais faudra guetter le

A 3

moment où ce qu'elle fera feule, entendez vous, parce qu'il ne faut pas que Monfieur Duchefne la voye.

LE GARÇON, *flairant la lettre.*

Y ne faut pas qui la voye! (*à part.*) Venterbleu! v'la une commiffion qui fent le bâton comme tous les diables! Écoutez, pays, vous vous trompez de porte. Regardez-moi ben : ai-je ti l'air d'un commiffionaire d'amour?

GILOTIN.

Non Monfieur, ben au contraire ; ça n'eft pas ça que je dis. Mais c'eft que vous le prenez encor de travers.

LE GARÇON.

Eh ben, en ce cas la, écoute mon ami. Y aura certainement un pour boire pour fte lettre là ; & je ne veux pas t'en faire tort. Tu n'auras qu'à repaffer quand ils feront revenus ; & tu la donneras toi-même. Le port t'en fera ben payé, va.... Au revoit, luron! je n'ai pas le tems de caufer. Bonfoir. .... (*Il rentre au fond.*)

GILOTIN.

Bonne nuit!

_____

SCENE III.

GILOTIN, *feul.*

DIANTRE! fi font tous auffi miélleux que lui!... Ça doit faire une jolie petite fociété quand ils font tous enfemble!... Au bout de tout, j'aime encor mieux qu'il n'aye pas pris ma lettre.

Il aurait fait ſte commiſſion là tout à rebour : aulieu que moi, en donnant ça à Mamſelle Lucile,
je l'y gliſſerois encor par-cy-par-la queque paquets
qui relevront encor la ſauſſe.... Allons nous-en
pour ce moment-ci.... Ah! jarni, v'là queque-
zun. (*Il regarde par la porte où il eſt entré.*) Ah!
ventergué! je ſuis pris dans la bergerie, moi!
v'là le loup qui vient! je ne peux pus ſortir....
Ce diable de pere Ducheſne! ſi y me voit ici,
y va me rachever!... Où que je me cacherais ben?
voyons; v'là un tuyau qu'eſt à peu près ma groſ-
ſeur.... Fourons-nous dedans. Y ne viendra pas
me chercher là. (*Il entre dans un des tuyaux.*)
Ah! jarni! On ne m'a pas pris meſure.... Mais
comme on dit la peur rappetiſſe!... Ah! m'y v'là
pourtant.   (*Il s'y cache tout entier.*)

SCÈNE IV.

DUCHESNE *entre avec* **LUCILE** :
GILOTIN, *caché dans le tuyau.*

DUCHESNE, *entre donnant le bras à Lucile.
Il la quitte ſitôt qu'il eſt dans la Boutique.*

Ah! mille millions de victoires! Mamſelle
Lucile!... Nous v'là donc enfin nos maîtres! &
nos langues en liberté! Ah! triple douzaine de
fournaux! comme je m'en vas dérouiller la mien-
ne! Y n'y a pas ni Marquis ni Marquiſe ici
pour guetter les paroles & vous renfoncer les

mots dans le ventre!... Cinq cens diable emporte la politeffe ! Si j'étions refté un heure de plus, dans ce maudit Château, j'y ferions crevés ! mais ventrebleu m'en v'la forti, & je fens que je renais! Allons, milzieux, Duchefne, lâche, toi un peu, ça te foulagera.

LUCILE.

Eh bien, eh bien, Monfieur Duchefne, ménagez-vous donc !

DUCHESNE.

Ah bon oui, me ménager ! L'épreuve eft finie Mamfelle ; & triple nom d'une civadière ! je fuis las de me retenir. C'eft un abcès.... Un dépôt que j'ai là, fur le cœur ! y faut que ça parte, fans quoi je ferais malade.... (*Il fe démene fur le Théâtre en jurant & efcadronant.*) Ah! tête-bleu! Ah mort! Ah ventrebleu !... Ah mille millions de rochers!...

LUCILE.

Mais vraiment, Monfieur Duchefne, vous allez vous faire mal....

DUCHESNE.

Eh non, milzieux ! au contraire, vous voyez bien que ça me dégage.... Mais, par là fembleu ! ça ne va pas encor ! fte chienne d'habitude que la Marquife m'a fait prendre me gêne à préfent moi. Je n'en peux pus lâcher un bon.... Y femble que je me retienne encor exprès.... Oui, le tonnerre me bombarde ! fi je peux jurer une pauvre fois.... Là.... comme il faut.

LUCILE.

Ne vous en plaignez pas, vous vous en acquittez encore affez bien.

DUCHESNE.

Et mille efcadres en déroute ! Il n'y a pas de fimple Mouffe ou de Pilotins qui ne me ferait la barbe à ftheur-ci !..... Je ne parle pas d'un Matelot ou d'un Officier marinier dà ! Car, mille pattes d'ancre de miféricorde ! un juron leur tombe de la bouche à ces vivans là , qu'on dirait qu'ils crachent.... Et moi, trifte girouette. ... le moindre triple nom.... femble m'écorcher là langue.... Ah ! faudra que je me remonte un peu ; voyons, voyons un peu ça.... Commençons par gronder mes Garçons , ça me remettra au courant. (*Il appelle en criant.*) Hola hé ! Terrecuite ! Labrique ! Brulefer !... Où font donc ces coquins là ? ces f.... fainéans. ... Ces b.... bavards là , qui caufent aulieu de travailler ?... Reftez un moment ici, Mamfelle Lucile ; nous fortirons tout-à-l'heure pour faire deux ou trois vifites ; en attendant je m'en vas dans l'attelier faire une once de bon fang... Ah ! triple feu d'enfer ! v'la que je commence à me retrouver ! Et je m'en vas vous f.... faire voir comme je retourne ces gaillards là ! moi,.... Ces mille millions !... Ah ! double carillon !.... (*Il entre au fond en jurant, criant & renverfant tout.*)

SCENE V.

LUCILE, GILOTIN, *caché.*

LUCILE.

JE croyais déja qu'il était à moitié guéri...,
Mais je vois bien que c'eft enraciné chez lui; j'aurai de la peine à le rendre poli.

GILOTIN, *criant d'une voie étouffée.*
Ho! Mamfelle Lucile!

LUCILE, *étonnée.*
Qu'eft-ce qui m'appelle?

GILOTIN.
C'eft moi, Mamfelle.

LUCILE.
Comment, vous! Et où ça donc?

GILOTIN.
Ici, dans le tuyau.

LUCILE.
Dans le tuyau!... Et lequel?

GILOTIN.
Celui-ci, tenez.... (*Il marche à elle, la tête &*
tout le corps caché.)

LUCILE, *effrayée recule.*
Ah! mon Dieu! qu'eft-ce que c'eft donc que ça!

GILOTIN.
C'eft moi, je vous dis.

LUCILE.
Mais qui vous?... Je ne peux pas vous reconnaître comme ça.

GILOTIN.

Eh ben, c'est Gilotin.

LUCILE.

Monsieur Gilotin...... Et qu'est-ce que vous faites là ?

GILOTIN.

Eh pardine j'y étouffe. Débarassez-moi donc ben vite.

LUCILE.

Mais qu'est-ce qui vous a mis là-dedans ?

GILOTIN.

C'est le diable !... Mais y faut m'en ôter ; car v'la que j'y crève. Dépêchez-vous donc.

LUCILE.

Eh ! comment faut-il faire ?

GILOTIN.

Retirez la colonne par en haut.

LUCILE, la tirant.

Voyons donc.... Ah ! ça tient trop. Ça ne peut pas venir !... Qu'est-qui arrête donc comme ça ?

GILOTIN.

Eh pardi ! c'est ma tête qui est prise entre deux moulures. Ah !, hai !.... Ne tirez pas si fort donc ! vous m'arrachez le coù !

LUCILE.

Ah ! bien dame ! Il faut donc que vous restiez-là !

GILOTIN.

Diantre ! Je serais ben niché, moi, là-dedans.

LUCILE.

Eh bien, je vais appeler Monsieur Duchesne pour qu'il vous retire.

GILOTIN.

Eh ben au contraire ! y ne faut pas qu'il me

voye lui. C'eſt une lettre que j'ai à vous remettre;
qui va ben vous étonner, aller.

L U C I L E.
Une lettre! Eh bien, donnez-la moi donc.

G I L O T I N.
Eh! comment voulez-vous que je faſſe! Je ſuis
collé là-dedans. Je ne peux pas remuer les mains.

L U C I L E.
Laiſſez-la tomber par deſſous.

G I L O T I N.
Ça ne ſe peut pas, pis qu'elle eſt dans ma
poche.... Il faut que vous me délivriez aupara-
vant.

L U C I L E.
Mais vous voyez bien que je ne peux pas, puiſ-
que vous tenez là-dedans!

G I L O T I N.
Eh oui! je tiens, v'la le diabe!... Mais écoutez,
Mamſelle Lucile, c'eſt jamais que de la terre ça....
Ainſi empoignez-moi un marteau & caſſez le
tuyau.

L U C I L E.
Ah! ben oui, caſſé.... Uue colonne comme
ça!... Eſt-ce que vous y penſez donc?

G I L O T I N.
Mais jarni, vous y penſez encor ben moins,
vous, de me laiſſer étouffer là!... C'eſt pas ſi cher
vote diable de colonne, on la payera.... Mais,
dépêchez-vous donc de me donner de l'air, car
v'la que j'étrangle déjà!

L U C I L E.
Allons, voyons donc ſi je trouverai quelque
choſe pour vous débarraſſer. (*Elle cherche & ramaſſe*

un moule de tuyau ; & elle frappe avec contre la colonne.)

GILOTIN, *criant.*

Ahi! prenez donc garde! c'eſt contre ma tête que vous cognez-là.

LUCILE.

Ah dame! je n'y vois pas.... Tenez, voila plus bas.... (*Elle frappe ſur la colonne qui ſe caſſe ; les morceaux tombent, Gilotin en ſort.*)

GILOTIN, *ſortant.*

Ah jerni! il était tems! ça me ſerrait tout juſte le ſiffler.

(*On entend derrière jurer Ducheſne.*)

Ah! ventrebleu! Qu'eſt-ce que le diable me charrie donc par là-bas?

GILOTIN, *effrayé.*

Ah miſéricorde!! je ſuis perdu! Mamſelle Lucile, cachez moi quelque part! (*Il cherche de côté & d'autre.*)

LUCILE.

Eh! où voulez-vous que je vous mette, moi?

DUCHESNE, *de loin.*

C'eſt donc le tonnerre!....

GILOTIN.

Ah ventergué! le v'la!... (*Il ouvre un grand poële qui eſt au milieu & ſe jette de dans.*) Mamſelle Lucile, fermez la porte ſur moi.

SCENE VI.

DUCHESNE, LUCILE, GILOTIN, *dans le poële.*

DUCHESNE, *regardant les morceaux de la colonne.*

QU'EST-CE que c'eſt donc que ſt'ouragan que je viens d'entendre là !... Ah! double naufrage! v'la les débris de la tempête !. (*Il ramaſſe les morceaux!*) Comment , Mamſelle ! V'la les profits que vous me faites !... A peine entrée dans la Bou-ꞇue , & v'la déja du déchet !..... Ah ! mille ꞇ ꞇꞇuctions ! Comme les femmes ont donc la main ꞇ ꞇꞇleuſe.

LUCILE.

ꞇ ꞇꞇus demande bien pardon , Monſieur Du-c ꞇ ꞇ , mais je n'ai pas encore l'habitude de n.anier çꞇ.... Je m'y accoutumerai peut-être.

DUCHESNE

Oui , mais mille douzaines de briquet ! votre apprentiſſage va me couter diablement.

LUCILE.

Pour ce e fois , ce n'eſt pas ma faute. (*Malignement.j* C'eſt un chat qui s'était gliſſé dedans....

DUCHESNE,

Un chat !... Que cinq cens diables lui caſſent les quatre pattes !... Si je l'attrappe , je l'écor-cherai tout vif , moi , votre enragé de chat.

GILOTIN, *effrayé retire à lui la petite grille du poële.*

DUCHESNE, *regardant au bruit.*

Tenez, n'est-ce pas lui que j'entens encor là?... voyons, milzieux! Il faut que je lui torde le cou! (*Il cherche.*)

LUCILE.

Bah! laissez cela à présent. Il faudroit déranger tout pour le trouver.

DUCHESNE.

Vous avez raison, nous avons quelque chose de plus pressé à finir.... Mais double traquenard! Je mettrai un piége par ici, & je ferai un manchon de sa peau!... Pardon, Mamselle Lucile, si je vous laisse entravers là un instant ; mais je vas d'abord donner un coup de sonde chez le Notaire, voir s'il a arrhimé note contrat, suivant le gubari que je l'y en ai donné! ensuite je viendrai vous embarquer pour aller faire nos emplettes & visites..... De là, morbleu! vent largue, nous cinglerons jusqu'au Château pour achever la cérémonie!... Et puis, ce soir, Mamselle Lucille amenera son pavillon ; & le père Duchesne hissera la grande flâmme & amarinera sa prise. Allons, Mademoiselle bon quart devant. (*Il sort par la rue.*)

SCENE VII.

LUCILE, GILOTIN, *dans le poële.*

GILOTIN, *ouvrant la porte du poële & paſſant
la tête à travers.*

Est-il parti ?
LUCILE.
Oui , oui , ſortez.
GILOTIN, *ſortant.*
Le diable l'emporte avec ſon maudit chat ! y
m'a fait une peur de chien , lui !
LUCILE.
Voyons , dépêchez donc de donner votre lettre,
car il va revenir.
GILOTIN.
Vous avez raiſon, la v'la.
LUCILE, *la regardant.*
Elle eſt adreſſée à Monſieur Duchefne! qu'eſt-
ce que cela veut dire!
GILOTIN.
Pardine! ça veut dire que c'eſt un poulet qu'une
poulette écrivait à ce petit mignon là.
LUCILE.
Eſt-il poſſible.
GILOTIN.
Dame, vous ſavez lire, ainſi, épelez-moi ça.
LUCILE, *ouvrant avec jalouſie.*
Ah ! ça n'eſt pas croyable!..... (*Elle lit*)
˜ ˜ ˜ ˜ mon cher Duchefne! Il eſt poſſible
» que

» que vous alliez vous marier après ce que vous
» m'avez dit tant de fois ; & que j'avais exigé
» de vous une promesse de rester garçon.....
» au moins pendant ma vie ; avec la connois-
» sance que j'avais de votre caractère, j'aurais
» cru que nulle autre femme que moi, n'aurait pu
» s'y accoutumer.... Celle que vous prenez sera
» sans doute une petite mijaurée.... (*Elle répète*
d'un ton piqué.) Une petite mijaurée !

GILOTIN.

Ah ! C'est impertinent ça par exemple ! C'est
elle putôt qu'en est une des mijaurées.

LUCILE, *reprenant la lecture.*

» Une petite mijaurée qui ne vous prend que
» pour votre bien ; & qui ne vous épouse au-
» jourd'hui que pour vous tromper demain. (*Elle
ferme la lettre de colère*) Ah ! c'est un peu trop fort.
Je n'en saurais lire davantage.

GILOTIN.

Quand je vous ai dit que vous ne vous y atten-
diez pas.

LUCILE,

Ah! quelle indigne trahison!... Et comment
cette lettre est-elle venue dans vos mains ?

GILOTIN.

Eh! jarni, c'est en se trémoussant dans ce bal,
ste nuit, que Monsieur Duchesne l'a laissé tomber
de sa poc' e.

LUCILE.

Je ne l'aurais jamais cru capable de me jouer
comme cela ; heureusement il est encore tems de
me dédire, & je ne serai pas sa dupe.

GILOTIN.

Ça sera ben fait ; car ça serait dommage.

B

LUCILE.

Oui, mon parti est pris, voila justement ici dequoi lui signifier ma façon de penser. (*Elle va se mettre à une table sur laquelle il y a papier, plume & encre. Elle ôte ses gands, son éventail & son mantelet, & les pose à côté, sur une chaise.*)

GILOTIN, *pendant qu'elle écrit*

Si j'étais que de vous, je l'y dirais tout net, qu'il est un traître & un vilain, & que vous ne voulez plus de lui du tout.

LUCILE, *écrivant.*

Ah! Laissez moi faire; ce que je lui marque vaudra bien cela.

GILOTIN.

Tant mieux! (*à part.*) Ah! jarnombille v'la un bon coup pour moi! elle me reviendra; quand j'ai dit que je n'en donnais pas encor ma part.... Oh! comme j'ai le nez fin, moi! Je sentais ça.

LUCILE, *ployant la lettre.*

Me ferez-vous bien un plaisir, Monsieur Gilotin?

GILOTIN.

Pardine! si je vous le ferai.... Vous voyez ben que je ne cherche que ça.... Qu'à vous obliger.

LUCILE.

Vous m'avez apporté cette lettre là fort adroitement. Il est question de remettre actuellement celle-ci à Monsieur Duchesne, avec la mêmeadresse.

GILOTIN.

Oh! c'est ben aisé. C'est mon fort à moi que l'adresse.

LUCILE.

Tant mieux; en ce cas attendez le ici, il va revenir pour me prendre; mais après sa trahison,

je le regarde comme un monſtre, & je ne veux
le revoir de ma vie. (*Elle s'en va.*)

SCENE VIII.

GILOTIN, *ſeul.*

Ah ! mordine, v'la qui prend une fière tournure
pour moi !... Je crois ben à préſent que les vio-
lons qui étiont commandés pour ce ſoir, ne joue-
ront pas pour lui.... Sarpedié ! comme elle a
ben pris la mouche de ce coup là ! Ah ! oui, y
faut qu'elle ſoit ben en colère ; tenez ! elle a oublié ſes gands & ſon éventail.... Et ſon mantelet
encor !... Ah ! jarni ! la tête n'y eſt plus. La v'la
piquée comme une courtepointe, tant mieux !
quand je m'offrirai en pis-aller, elle va me ſauter
au cou tout de ſuite.... Faut prendre ſes affaires
auſſi, parce que quand j'aurai remis ſa lettre au
brutal, je l'y reporterai tout ça. (*Il met les gands.*)
Quien ! c'eſt quaſiment la même main que nous
avons.... Et la même taille auſſi, je crois......
Voyons donc le mantelet ; (*Il le met ſur ſes épaules
& ſe carre avec.*) diantre ! comme s'il était coupé
pour moi. Je ſerais ben en fille dà ! ſi je voulois...
Faudra que je me déguiſe comme-ça au bal qu'on
donnera pour ma noce. (*Il ſe promène avec le
mantelet, en faiſant jouer l'éventail.*)

SCENE. IX.

GILOTIN, DUCHESNE entre.

DUCHESNE, *trompé par le mantelet.*

ALLONS, Mamselle Lucile, v'la assez longtems que vous êtes là à l'ancre ; cueillons notre
cable & remettons à la voile.

GILOTIN, *à part.*

Eh ben oui, Mamselle Lucile ! al y a mis sans
toi, à la voile.

DUCHESNE, *le prenant par la main, Gilotin*
recule.

Eh ben, Milzieux ! vous dérivez je crois.....
(*Il le regarde.*) Eh mais, le diable m'étrangle !...
Qu'est-ce que c'est que cette figure-là ? Est-ce
qu'un tourbillon m'a soufflé dans l'œil donc ?

GILOTIN.

Non pas Monsieur, c'est moi.

DUCHESNE.

Qui, toi ? Eh double pompe marine ! c'est ce
petit poisson volant de Gilotin, je crois !

GILOTIN.

Oui, Monsieur, c'est moi-même.

DUCHESNE.

Eh que fais tu là, avec le mantelet de Mamselle Lucile, dis donc, hé ! petite sardine dessé-
chée ?

GILOTIN.

Monsieur, c'est que je la remplace comme elle

m'en a prié, pour vous donner un billet doux
qu'elle vient de vous écrire.

DUCHESNE.

A la bonne heure, tout ce qui vient de sa part
m'apporte du baume dans l'âme, donne le....
(*En le déployant.*) Tu as bien fait d'avoir ce
passe port là pour venir ici ; car, ventrebleu ! tu
sais qne je t'en dois de ste nuit.

GILOTIN.

A moi, Monsieur.... Dessus quoi donc ?

DUCHESNE.

Eh oui, morbleu ! Quand je t'ai trouvé dessous
la table, le long des jambes à Mamselle Lucile....
étalé comme un chien couchant.... Quéque tu
f.... fourageais par là,.... Hem ?

GILOTIN.

Ah ! Je guettais la jarretière de la mariée ;
c'est permis à tous les Garçons de la noce ça ;
demandez putôt.

DUCHESNE.

Ouida ! & je t'ai guetté le nez moi, & je suis
bien fâche de ne l'avoir pas abordé comme il
faut.

GILOTIN.

Ah ! je dis, vous l'avez ben assez abordé comme ça !

DUCHESNE.

C'est bon, c'est bon.... Voyons un peu ce
billet doux. (*Il lit.*) « Monsieur, comme un
» seul homme ne peut pas épouser deux femmes,
» & qu'il est juste que la première en date ait la
» préférence, je vous laisse à celle à qui vous
» avez promis avant moi ; & suis pour ne jamais
» vous revoir, votre servante Lucile. » Ah !

mille fainte barbes en feu!..... Eft ce que c'eft Lucifer qui lui a conduit la plume quand elle m'a écrit ftinfernal billet doux-là donc!

GILOTIN, *à part.*

Bon! y va crever de colère à préfent, lui!

DUCHESNE, *le prenant au collet.*

Comment! petit *b....* butord que tu es!... Tu appelles cela un billet doux,

GILOTIN.

Eh ben dame, Monfieur, je n'étais pas deffous le cachet moi, pour favoir ce qui en était.

DUCHESNE.

Eft-ce qu'une comète lui a retourné la cervelle donc, pour m'écrire un emblême pareil! (*à Gilotin*) & où eft-elle, à préfent?

GILOTIN.

Mafine, je n'en fais rien; d'la colère qu'elle avait, elle a pris la clef des champs fi vite, qu'elle a oublié là tout fon équipage.... Mais auffi c'eft vote faute; pourquoi que vous voulez prendre deux femmes?

DUCHESNE, *le prenant à la gorge.*

Je veux prendre deux femmes!... Ah! j... je ne fais qui me tient que je ne te f.... faffe rôtir tout vivant dans mes fourneaux.... Mais milzieux, tu ne l'échaperas pas. (*Il ferme la porte de la Boutique à double tour, & met la clef dans fa poche.*) Je vas d'abord envoyer courir après Lucile, & après ça je reviendrai compter avec toi. Juftement j'ai là mon four qui s'allume, pour faire rougir de la brique, ainfi je vas te cuire avec elle, & te couler dans un moule....

(*Il entre au fond.*)

SCENE X.

GILOTIN, *seul.*

AH jerni! me v'la pus en peine que quand j'étais en prison dans la colonne! comment diantre me sauver d'ici?... Il a fermé la porte à double tour?.. Ah! misérable Gilotin? v'la un fier moment à passer!.... Coulé dans un moule.... Ça équiperoit ben mon mariage!... Oui, jarnombille! v'la son maudit four qui est presque rouge.... Ah! Je me sens déja tout rissolé de frayeur!... Mais, qu'est que c'est que je vois la. C'est une fenêtre, je crois.... Ah! queu bonheur! & vite, faut escalader ça, au risque de me casser le cou encore!... Si y avoit donc une échelle!.. Mais jarni, v'la qui va m'en servir.... Approchons les tuyaux. (*Il les met l'un près de l'autre, par dégrés de hauteur & il monte dessus & arrive à la fenêtre.*) Oh! m'y v'la. (*Il ouvre la fenêtre.*) Allons, masine, risquons le paquet : père Duchesne, vous ferez cuire votre brique sans moi, (*il crie.*) Garre l'eau là-dessous! (*Il saute par la fenêtre, & en repoussant le tuyau le plus haut avec son pied, il les fait culbuter les uns sur les autres.*)

SCENE XI.

DUCHESNE *venant au bruit.*

EH mais, trifte défordre; Eft-ce que le diable de chat eft enragé donc ?... Ah! double retraite! v'la la fenêtre ouverte! C'eft ce gueux de Gilotin qui a battu une chaffe par là, tenez.... C'eft égal, je vas lui ferrer le vent, & je le rejoindrai. (*On frappe à la porte.*) Qu'eft-ce que c'eft que ça?.. Ah! oui, j'avois fermé la porte, c'eft quelque pratique apparemment; voyons un peu. (*Il va ouvrir.*)

SCENE XII.

DUCHESNE, LUCAS.

LUCAS.

C'EST-TI pas vous Monfieur, qui êtes Monfieur le père Duchefne?

DUCHESNE.

Et le père du diable qui t'emporte! qu'eft-ce que tu lui veux?

LUCAS.

Monfieur, c'eft une lettre qu'on m'a dit de l'y apporter.

DUCHESNE.

Encore une lettre!... Eh! mille millions de Bou-

teilles d'encre, tout le monde écrit donc aujour-
d'hui ? de qui vient-elle ste lettre ?

LUCAS.

Dame Monſieur, on me l'a donnée pour vous
au Château.

DUCHESNE, *à part.*

Au Château ! C'eſt ſûrement Mamſelle Lucile
qui revient au vent.... Elle m'invite ſans-doute
à aller m'expliquer avec elle ; voyons ça. (*Il
décachète la lettre.*)

LUCAS.

Monſieur, y a-ti pour boire pour le porteur ?

DUCHESNE.

Eh ! mille ſontaine, attens que j'aye lu, & je
t'arroſerai en proportion des bonnes nouvelles
que tu m'auras apporté.

LUCAS.

Ah ! c'eſt juſte ça, Monſieur, j'allons attendre.

DUCHESNE *lit, & fait des grimaces &
des contorſions du diable.*

LUCAS *l'obſervant.*

Queux grimaces qui ſait donc !... Je crois que
le vin de mon pour boire ſe trouble.

DUCHESNE *chiffonne la lettre en jurant.*

LUCAS.

Eh ben, Monſieur, y a-ti queuque choſe pour
ſaluer votre ſanté ?

DUCHESNE, *ramaſſant une buche ou un
moule de tuyau.*

Ah ! ma ſanté !.. Tiens, coquin ! tiens, renégat...
V'là pour ta ſanté à toi.... Sens-tu ça ? & ſi je
te payais ta lettre en proportion de ſa valeur, je
te mettrais tout le corps en ralingue.

LUCAS.

Eh! Monfieur , en v'la ben affez comme ça! je fommes content.

DUCHESNE.

A prefent va t'en dire à celui qui t'envoye qu'à-moins que le diable ne me faffes amarrer les deux jambes , ces deux bras-là vont lui larguer ma réponfe.

LUCAS.

Ça fuffit Monfieur , j'y courons ben vite. (*Il fe fauve.*)

SCENE XIII.

DUCHESNE , *feul.*

AH! double équinoxe ! un homme ofe écrire au père Duchefne de s'encre-là ! million de barres de cabeftan ! c'eft donc un loup marin , que ça.... Relifons-là donc un peu à tête repofée , fte lettre , fte *b...* belle lettre là. (*Il rouvre la lettre & lit haut.*)

» Père Duchefne, vous avez été Canonnier def-
» fus mer ; moi, je l'ai été fur terre, & Mineur
» & Sapeur, & Bombardier. (*Il s'interrompt & dit*)
Eh double mortier ! que le diable te bombarde!
(*Il lit.*)
» Et actuellement , j'arrive de l'Amérique , où
» j'étais Capitaine de Flibuftiers!...
Ah bien oui! v'la encor un *b...* beau titre pour m'en impofer!... Ah! *f....* fuffes-tu le Bombardier des enfers, je te ferai fauter, moi. (*Il lit.*)

» J'apprens en arrivant que vous allez époufer
» Mamfelle Lucile ; mais je vous préviens que je
» l'aime , & qu'elle m'aime auffi depuis long-
» tems....

Ah ! par exemple , c'eſt ſe f.... flatter un peu
fort ça. (Il lit.)

» Et je vous déclare en conféquence , que
» vous ne l'épouferez pas fans mon confente-
» mer t....

Eh ! Monfieur le Mineur & Sapeur , je te répons
que je l'épouferai à ta barbe , quand elle ferait
longue comme les crocs de Lucifer. (Il lit.)

» Pour cet effet, je me trouverai ce ſoir au Châ-
» teau d'Ervilé , avant la ſignature du contrat.
» Ah b.... bon ! bon ! viens-y.... Je ferai bien-
» aife d'avoir un tête-à-tête avec vous , pour juger
» ſi vous êtes auſſi brave que vous vous dites
» amoureux.

Ah ! mille foſſes aux lions ! v'la un hardi écu-
meur de mer.......Mais fut-il le plus déterminé
Pirate de toute la Barbarie, Duchefne, ventrebleu,
faura te faire marcher à la bouline ! V'la donc
l'explication de la lettre de Mamfelle Lucile ! Ah ,
double complot ! ils font ben d'accord ! mais nous
allons voir à éplucher ça ! Hola ! hé ! Garçons !...
Ici vous autres,... (Il crie après les Garçons : ils
accourent tous.)

SCENE XIV.

DUCHESNE, TROIS GARÇONS.

Le premier GARÇON.

QU'EST-CE qu'il y a maître ?
DUCHESNE.

Ecoutez-moi , ventrebleu ! & attention à la manœuvre. Toi , Terrecuite , cours moi-tout de suite au Château, dans le Village & partout, & cherche-moi Mamselle Lucile par terre & par mer. Je veux lui parler ; allons, file du cable.... (*Il s'en va.*) Toi , Labrique, cours après ce misérable enragé de Gilotin; & si tu le trouve, enferme le moi tout brandit dans un de mes fourneaux ; allons, gagne au large. (*Le deuxième Garçon sort.*) Et toi, Brulefer; va-t-en ben vite réguiser mon sabre d'abordage & ma hache d'armes ; nettoye mes pistolets , charge mon fusil à deux coups ; & mets-moi double & triple munition dans ma giberne.... Détale.... (*Tous les Garçons sont partis, & le troisieme rentre au fond chez Duchesne.*)

SCENE XV.

DUCHESNE, *seul.*

AH ! Monsieur le *f....* flibustier de malheur ? tu me défies , & tu m'attens au Château ! Eh qen, ventrebleu, j'y vas & je m'y ferai connaître tout-à-fait.... Y n'y a pus ni Prince ni Seigneur qui tienne à préfent , v'la la Duchefne en colère & mille fecouffes de tremblement de terre ! fut-ce devant le tonnerre , je batrais le diable au beau milieu de fon enfer.... Allons , marche, Du-chefne ! au feu f.... fermes-mon enfant ! fouviens-toi des Anglais & de ton jeune tems !..... Ah, milzieux ! y n'y a pas d'âge pour un bon Français! dans tous les tems , avancer fur l'ennemi , c'eft toujours marcher à la victoire. allons , marche au pas redoublé.... (*Il rentre dans le fond de fa Bou-tique.*)

Fin du premier Acte.

ACTE II.

Le Théâtre représente une Salle du Château & le Vestibule.

SCENE PREMIERE.

LE MARQUIS, LA MARQUISE, VA-DE-BON-CŒUR, *en uniforme.*

LA MARQUISE.

Comment ! Monsieur le Marquis , vous voulez encor vous amuser aux dépens de ce pauvre père Duchesne ?

LE MARQUIS.

Oui , Madame ; je vous en prie , laissez-moi encor le plaisir de cette seconde épreuve. Jusqu'ici nous n'avons vû le père Duchesne qu'en récit ; je suis curieux de le voir dans le feu de l'action.

LA MARQUISE.

Il y doit être intéressant !

LE MARQUIS.

Sur-tout s'il est aussi brave qu'il est brutal.... D'ailleurs, il y a une certaine lettre en jeu ; que le père Duchesne a laissé tomber ici , & dont

Gilotin m'a parlé.... C'est ce qui m'a donné l'idée de cette seconde scène que je veux lui faire jouer... Mais tranquillisez-vous sur son compte, l'affaire n'aura pas de suites fâcheuses.

LA MARQUISE.

A la bonne heure, Monsieur.... Car vous me l'avez fait prendre vous-même en amitié.... Et je serais fâchée qu'il lui arriva du mal.

LE MARQUIS.

Il suffit, Madame, que vous vous y intéressiez pour que nous le ménagions. (*A Va-de-bon-cœur.*) Dites moi, Va-de bon-cœur, avez vous envoyé la lettre que je vous ait fait écrire ?

VA-DE-BON-CŒUR.

Oui, mon Colonel, un homme du Château la lui a portée.

LE MARQUIS.

Bon, & votre sœur ne vous a pas vû encore! elle ignore que vous êtes arrivé?

VA-DE-BON-CŒUR.

Oui, mon Colonel ; vous m'avez défendu de le lui laisser savoir, & je vous obéis.

LE MARQUIS.

C'est bien, j'exige que vous vous cachiez à elle jusqu'à ce soir. Je veux que mon épreuve soit franche & entière.... Ah! n'est-ce pas là votre commissionnaire ? nous allons savoir des nouvelles.

SCENE II.

LES PRÉCÉDENS, LUCAS, *venant*
en face de Va-de-bon-cœur.

LUCAS, *ne voyant que Va-de-bon-cœur.*

PAR la ventergué, Monfieur Va-de-bon-cœur....
(*Il voit le Marquis.*) Ah! mille pardons! Monfeigneur!... Je venions pour rendre compte d'une
commiffion qu'on m'a donné tantôt.

LE MARQUIS.

Eh bien, mon ami, rens-le ton compte.

LUCAS.

Oh jarni! y fera bentôt rendu!... Mais quand
Monfieur Va-de-bon-cœur aura d'autes lettres
comme ça, y pourra ben les porter lui-même.

LE MARQUIS.

Pourquoi donc ça?

LUCAS.

Ah! Monfeigneur, c'eft parce qu'on n'a pas
ufé de plume pour me faire la réponfe; ft'enragé
d'homme-là me l'a morguenne ben figné fur les
épaules, à grands coups de bâton.

LA MARQUISE.

Voyez-vous, Monfieur le Marquis, voilà déja
le commencement de votre plaifanterie qui tourne
à mal.

LUCAS.

Ah! c'était une plaifanterie donc ça!... Ah
ben

bèn jarni! j'aurions voulu le favoir plutôt. Je n'aurions pas été rire avec ce plaifanteux-là, nous.

LE MARQUIS.

Eft-ce qu'il t'a mal reçu?

LUCAS.

Oh! y m'a reçu comme un charme!... Tout ce que y a, c'eft que fi je n'avions pas eu d'auffi bonnes jambes comme il avait de bons bras, je ne vous en aurions pas rapporté la nouvelle.

LA MARQUISE.

Ce pauvre garçon!... Voyez à quoi vous l'avez expofé!... Tiens, mon ami; au moins que quelque chofe te dédommage. (*Elle tire fa bourfe & lui donne de l'argent.*)

LUCAS, *le prenant.*

Ah, jarniguoi! ma bonne dame! à ce prix là.... nos épaules font bèn faites pour..... Certainement Monfieur le Marquis, je fommes à vos ordres.... D'ailleurs, le Monfieur a dit que ce n'était qu'un à compte ça; & que, tout-à-l'heure il allait venir pour apporter lui-même le reftant de la pièce.... là, le gros de la réponfe.

LE MARQUIS.

Il eft donc bièn piqué?

LUCAS.

Piqué! Ah ventreguienne! il eft.... tranfpercé, même la rage l'y fortoit par les yeux, que j'avions pus peur de reffortir par la fenêtre que par la porte!

LE MARQUIS, *riant.*

Allons, allons, cela nous promet une bonne fcène pour tantôt...... Va-de-bon-cœur, vous allez avoir de l'ouvrage!

C

VA-DE-BON-CŒUR.

Ah ! foyez fans inquiétude, mon Colonel. Lucas a été reconnaître la place; mais ventrebleu ! je me fens capable de livrer l'affaut, moi.

LE MARQUIS.

Chut !... Voilà Lucile qui vient par ici !... Eh vite, fauvez-vous, qu'elle ne vous voye pas... Monfieur Duchefne apparemment l'accompagne ; dépêchez-vous d'aller vous équiper pour l'abordage. (*Va-de-bon cœur & Lucas fortent.*)

SCENE III.

LE MARQUIS, LA MARQUISE.

LE MARQUIS.

Vous, Madame, encore une fois, n'ayez aucune appréhenfion , je vais caufer avec Lucile pendant que vous allez donner vos ordres pour la fête de ce foir. Souvenez-vous que les Noces du père Duchefne ne doivent pas être célébrées comme celles d'un homme ordinaire. (*La Marquife s'en va.*)

SCENE IV.

LE MARQUIS, LUCILE.

LE MARQUIS.

EH bien, Mademoiselle, vous voilà déja de retour?... Vos visites n'ont pas été longues avec le père Duchesne?

LUCILE.

Ah! Monsieur le Marquis; Monsieur Duchesne est un homme dont je n'aurais jamais soupçonné la conduite à mon égard. J'ai mille graces à vous rendre de vos bontés : mais je viens vous supplier de ne plus permettre ce mariage.

LE MARQUIS.

Eh mais, Lucile, je ne vous conçois pas aujourd'hui. Hier encore vous étiez la première à le solliciter.

LUCILE.

Monseigneur! un jour quelquefois nous apprend bien des choses!

LE MARQUIS.

Eh! qu'avez-vous pû apprendre depuis ce matin?

LUCILE, *avec sensibilité*.

Une lettre adressée à Monsieur Duchesne est venue bien juste à tems pour m'ouvrir les yeux!

LE MARQUIS.

Une lettre!... (*A part.*) Ce bavard de Gilotin aura jasé!... (*Haut.*) Mon enfant, il ne faut pas

C 2

être ſi prompte à ſe chagriner ſoi-même. Une
lettre ne dit pas toujours ce qu'elle ſemble vou·
loir dire.... Et je ne crois pas Monſieur Ducheſne fait pour vous tromper. Ainſi avant de
rompre un mariage auſſi avancé, il eſt bon que
vous ayez une petite explication avec lui ; & je
me charge de vous la ménager. Ces légères brouil-
leries entre deux amans ne ſervent qu'à rendre
les raccommodemens plus piquans.

SCENE V.

LES PRÉCÉDENS, GILOTIN entre
en boitant.

GILOTIN.

AH Monſeigneur ! vous ne devineriez jamais ce
qui vous arrive là !

LE MARQUIS.

Ah bon dieu ! Gilotin, comme te voilà allar-
mé !... Eh mais, tu boites, je crois !... Eh ! qui
donc t'a équipé comme cela ?

GILOTIN.

Eh pardine faut-y le demander ! c'eſt vote loup
garrou de poëlier.... Et je ſuis ben heureux d'en
être quitte pour une jambe, car j'ai été obligé
de ſortir de chez lui par le premier étage.

LE MARQUIS.

Comment ! il t'aurait jetté par la fenêtre ?

GILOTIN.

C'eſt ben moi qu'a ſaiſi ce paſſage là de pré-

férence, plutôt que le four qui était tout rouge!...
Et à préfent v'la qui vient je crois vous affiéger
en perfonne dans vote Château ! il a des épées,
des fabres , des fufils!... On dirait d'un Arfenal
tout entier qui marche ! & y jure qu'on croirait
que c'eft le tonnerre qui va tout démolir!

LE MARQUIS, *à Lucile.*

Venez, Lucile, laiffons-le feul exalter fon premier tranfport ; enfuite , je vais envoyer Madame
la Marquife le fonder un peu fur cette lettre qui
vous donne tant d'inquiétude.

(Il s'en va avec elle.)

SCENE VI.

GILOTIN, *feul.*

AH pardine , il eft tout fondé! c'eft un fubor-
donneur qui voulait nous enlever nos maitreffes...
Ah jarni ! le v'la!... Garre la bombe !

(Il fe fauve.)

SCENE VII.

DUCHESNE *entre, il a un fabre en bandou-lière, deux piftolets à la ceinture, une hache d'armes à la main droite, & un fufil à deux coups fur l'épaule gauche, avec une giberne fur l'autre.*

AH! triple falle d'armes! c'eft donc ici que ce f.... fameux flibuftier m'a donné rendez-vous... Ah! mille gargouffes! il a fait le bon voilier, mais je veux que vingt douzaines de requins me chatouillent les côtes, fi je ne fais pas venir du loff, moi.... Attendons-le un peu, & mettons nos armes en état. (*Il les dépofe l'un après l'autre fur une table.*) Voilà ma hache qui a le fil ; voilà mon fufil à double canon, tordu, amorcé & épin-glé de frais, & les pierres rebattues à neuf. Voilà mon damas qui coupe le fer.... & mes deux pif-tolets carabinés.... Et j'ai laiffé dans la cour du Château un petit canon que j'ai traîné, afin de pouvoir lui donner le choix des armes...... Si j'en avois pû amener deux, ah! mille boulets de 48! je l'aurais fait.... Mais puifqu'il n'y en a qu'un, nous tirerons au fort à qui le pointera le premier fur l'autre...... J'entends du bruit, je crois.... C'eft fans-doute l'ennemi qui s'avance. Alerte Duchefne! (*il crie*) aux armes!..... (*Il prend fon fufil & couche en joue en criant.*) Qui vive.

SCENE VIII.

DUCHESNE, LA MARQUISE.

DUCHESNE.

AH ventrebleu ! c'est Madame la Marquise ! ronde Major ! lui 'e passer. (*Il lui présente les armes, en faisant sonner fort son fusil.*)

LA MARQUISE.

Ah ! c'est vous, Monsieur Duchesne !... Est-ce que vous êtes en faction par ici ?

DUCHESNE.

Oui, Madame, & je vous rens les honneurs de la guerre.

LA MARQUISE.

Je vous suis bien obligée ; mais comme je n'ai point envie de traiter cela au militaire, je serais bien-aise de causer avec vous tout simplement.

DUCHESNE.

Eh bien, Madame, je vais me reposer sur les armes. (*Il fait le tems de l'exercice.*)

LA MARQUISE.

Eh non, quittez les tout-à-fait. Nous n'avons pas d'hostilités à commettre ; & votre appareil guerrier m'effraye.

DUCHESNE

En ce cas là, Madame ; armes bas. (*Il fait le tems & pose son fusil à terre.*)

LA MARQUISE.

A la bonne heure, on n'a pas besoin d'être

C 4

armé pour négocier un traité de paix.... (*Elle va à la coulise.*) Avancez, Lucile.

SCENE IX.

LES PRÉCÉDENS, LUCILE *entre.*

DUCHESNE.

AH ! non d'une fauſſe attaque ! C'eſt une trahiſon ça, Madame ! vous me faites quitter les armes ; & vous introduiſez l'ennemi !

LUCILE *voulant s'en aller.*

Madame, vous voyez bien que....

LA MARQUISE, *retenant Lucile.*

Un inſtant, ma chere Lucile !... (*à Duchesne.*) L'ennemi !... Eh quoi ! Monſieur Duchesne, pouvez-vous vous bien donner ce titre à Mademoiſelle ? & n'eſt-ce pas elle plutôt qui a tout ſujet de ſe plaindre de vous ?

DUCHESNE.

De moi, Madame ! Eh, triple lance à feu ! je veux que cinq cens....

LA MARQUISE.

Ah ! de grace, Monſieur Duchesne, modérez vous un peu.

DUCHESNE.

Que je me modère ! Eh ! doubles colonnes de Gibraltar !...

LA MARQUISE.

Ah ! Monſieur Duchesne, un peu de ſang-froid, s'il vous plaît ; ménagez vos paroles.

DUCHESNE.

Comment, mes paroles!.... Ah triple rudi-
ment!... V'la donc encore ma langue aux arrêtes,
comme hier!....Ecoutez, Madame la Marquise,
j'ai certainement pour vous tout le respect qui
vous appartient.... Mais *f*.... faut que chacun
parle comme il l'entend.... Je ne peux pas parler
de ça sans jurer d'abord!... C'est pour l'affaire de
Mademoiselle que vous venez, n'est-ce pas?

LA MARQUISE.

Oui, c'est pour cela tout juste.

DUCHESNE.

Oh bien en ce cas là, *f*.... faites nous donc
le plaisir de nous laisser expliquer tout seuls; car
vraiment, Madame, il y a là-dedans des *b*....
des bagatelles, que je serais embarrassé.... Eh
non, je vous dis.... *F*.... faut vous avouer que
je ne suis pas à mon aise pour parler de ça devant
vous, là!

LA MARQUISE.

Eh bien, écoutez, Monsieur Duchesne; je ne
veux pas gêner votre explication. Je vous laisse
avec Mademoiselle: mais je vous engage toujours
à vous souvenir des égards qu'un galant homme
doit au sexe.   (*Elle s'en va.*)

SCENE X.

DUCHESNE, LUCILE.

DUCHESNE.

AH ben oui, des égards !.... Et y ne nous en
doit pas donc auffi, à nous, le fexe?... Ah ! tonne
de boulets ramés, v'la que j'ai mes coudées fran-
ches pourtant !.... Eh ben, Mamfelle Lucile !
c'eft donc vous qui m'écrivez comme ça leftement
que vous ne voulez pus de moi ?

LUCILE.

Monfieur , je ferais au défefpoir de gêner
l'inclination de quelqu'un. Je vous avais cru libre ;
mais puifque vous avez des engagemens ailleurs,
je n'ai pas l'ambition de me faire facrifier une
rivale.

DUCHESNE.

Mais, double charge de canon à mitraille ! de
quelle diable de rivale voulez-vous me parler ?

LUCILE.

Eh Monfieur ; ne faites pas l'ignorant ! c'eft
ajouter encore à votre perfidie.

DUCHESNE.

Mais, quand tous les cocodrilles devraient m'a-
valer ; je ne connais pas plus la rivale dont vous
me parlez, que je ne connais la longitude !

LUCILE, à part.

C'eft trop fort... (Haut.) Eh bien Monfieur,

puifqu'il faut vous convaincre...... lifez cette lettre....

DUCHESNE.

Encore! les diables de lettres font faites pour me chavirer la tête aujourd'hui.... (*Il la parcourt.*) Ah! double rame de papier! c'eſt la lettre de ma tante que j'ai perdu hier, ça!

LUCILE.

De vôtre tante!

DUCHESNE.

Eh! fans-doute de ma tante. D'une vieille b.... bonne femme de ʒo ans, qui veut me larguer fa fucceſſioh, à condition que je ne me marie pas, dans la crainte que le caractère de ma femme ne puiſſe pas s'athinder avec le ſien.

LUCILE.

Comment, ce ferait poſſible?.... Et pourquoi craint-elle cela d'une autre femme?

DUCHESNE.

Ah! dame, parce qu'elle les connaît apparemment. Elles font ſi douces, ſi ſociables....

LUCILE.

Eh! pourquoi ne le feraient-elles pas?

DUCHESNF.

Eh, mille ouragans! pourquoi?.... Parce que vous vous accordez enſemble comme les vents dans une tempête.... Vous foufflez de l'Eſt; vous foufflez du Nord; & vous vous calmez quand le Navire eſt coulé bas.

LUCILF.

Vous nous eſtimez beaucoup à ce qu'il paraît!

DUCHESNE.

Eh, ventrebleu! je ſuis payé pour cela, je crois... D'ailleurs vous voyez que je faifais une exception en votre faveur, & je voulais détromper ma tante sur votre compte, puisque je venais vous prendre pour vous conduire chez elle, quand on m'a remis ce tendre billet doux de votre part.

LUCILE.

S'il est ainsi, Monsieur Duchesne, je n'ai plus à me plaindre, & je vous rens mon estime.

DUCHESNE.

Ah ! vous me rendez.... Eh ! double combat naval ! y semble que l'opinion de ces dames soit tout !... Est-ce que nous n'avons pas notre ligne de compte aussi donc, nous ?... Vous me rendez ! mais mille écouvillons ! je ne vous rens pas, moi. Me v'la blanchi de ste lettre là, & en deux mots encore ! mais à votre tour, lavez-vous donc de celle-ci vous ! voyons. (*Il lui donne la lettre du flibustier.*)

LUCILE, *la prenant.*

Qu'est-ce que c'est que celle-là ? de qui vient-elle.

DUCHESNE.

Eh parbleu. c'est d'un *f....* flibustier, d'un Sapeur, qui m'a fait cette gentillesse-là !... Hem ! qu'en pensez-vous ? pas vrai que c'est un *b....* bon garçon dà ! pour écrire comme ça au père Duchesne ?... Ah ! *b....* bombardier de réforme ! tu la danseras tout du long ! va.

LUCILE, *témoigne un grand soupir.*

DUCHESNE.

Eh ben, Manselle, l'ortographe y est-elle à celle-là ?

LUCILE.

Vous me voyez confuse, Monsieur Duchesne. Je ne comprens rien à cette lettre, & je ne connais perfonne au monde qui ait le droit de vous écrire rien de pareil.

DUCHESNE.

Ah ! triple marée montante ! Monfieur fans gêne , & s'il ne l'a pas il le prend lui le droit ! mais je vas prendre celui de lui faire courir une fière bordée auffi, moi !... Mademoifelle, apprenez qu'un galant homme n'eft pas f.... fait pour qu'on le tienne à la cappe & à fec de voiles comme vous faites-là , au moins !... V'la déja affez longtems que je louvoye pour entrer dans le port ; mais milzieux s'il faut craindre des écueils jufque dans la rade , j'aime autant reprendre le large & remettre en mer.

SCENE XI.

LES PRÉCÈDENS, GILOTIN.

GILOTIN , *à part.*

Bon ! le v'la , faut que je me venge de la peur qu'il m'a fait tantôt , y n'eft pas le maître ici , je n'y craignons rien..... Bon jour, Monfieur Duchefne.

DUCHESNE.

Ah ! te v'la toi ! t'as donc filé tantôt ?

GILOTIN.

Oui, j'ai filé , un beau fil même !... Mais je dis, chacun à fon tour à filer, y a t'ici un homme qui demande après vous ; y dit comm-ça qu'il eft maître de danse, & qu'il va vous apprendre une courante.

DUCHESNE.

Une courante à moi!... Ah! double débordement de vague!... Nous allons donc le connaître enfin ce Flibustier de contrebande!..... (*à Gilotin.*) Et toi, qui a cru me faire peur en me l'annonçant, je vas te couper en deux pour voir si mon sabre a le fil. (*Il le prend par le bras.*)

LUCILE.

Allons vite prévenir Monsieur le Marquis, pour empêcher tout ça. (*Elle s'en va.*)

SCENE XII.

DUCHESNE, GILOTIN.

GILOTIN, *se démenant.*

EH grace, Monsieur Duchesne! je ne suis pas de vote bataille, moi; Mamselle Lucile, avertissez le Chirurgien du Château, qui vienne me raccommoder.

DUCHESNE, *tirant son sabre sur lui.*

Ah gueu! tu as cassé mes tuyaux de poële!

GILOTIN.

Eh moi, je me suis faussé une jambe; ça fait ben quitte.

DUCHESNE.

Ah ben, je vas te la couper, ça te guérira. (*Il fait semblant de frapper.*)

GILOTIN, *crie.*

Ahi !

DUCHESNE.

Mais non ; j'aime mieux essayer mes pistolets ; voir s'ils ne sont pas dans le cas de rater. Tiens-toi là que je te tire au blanc. (*Il le lâche & va prendre un pistolet.*)

GILOTIN, *s'enfuyant.*

Pardi, oui ! je vas t'attendre.... Au feu !... Au feu ! (*Il se sauve.*)

DUCHESNE, *courant après lui.*

Ah, coquin ! tu désertes !

SCENE XIII.

DUCHESNE, LE MARQUIS.

LE MARQUIS, *arrêtant Duchesne & patelinant.*

Eh bien, mon pauvre Duchesne, qu'est-ce que j'apprends donc là !

DUCHESNE.

Oh ! ce n'est rien, Monsieur le Marquis, c'est une b.... babiole que j'aurai bentôt arrangée, allez !... Laissez le arriver tant seulement.

LE MARQUIS.

Mais c'est donc sérieux l'affaire là.

DUCHESNE.

Bon sérieux ! Ah ben oui ! c'est un cabotin qui veut trancher du Marin de la grande mer !....

Mais je vas bentôt vous avoir remis ça à la côte, moi.

LE MARQUIS.

Mais pourtant on dit que c'est un homme dangereux.

DUCHESNE.

Dangereux! Ah! quand y ferait pus fec qu'un grain de Nord-Eft, je veux marcher à lui toutes voiles dehors, brunettes haute & baffes, & vous le rafer comme un ponton.

LE MARQUIS.

Mais écoutez, Monfieur Duchefne, ne pourait-on pas accommoder cette affaire là?

DUCHESNE.

Accommoder! comment *f....* franc du colier comme je le fuis, pouvez-vous me lâcher ce mot là, vous? Eh, milzieux! Monfieur le Marquis, mettez-vous à ma place donc; vous êtes vous-même un *b.....* brave homme.... Prenez que vous ayez été infulté comme je le fuis; eh ben, mille grapins eft ce que vous ne vous *f....* feriez pas un de voir de vous venger donc?

LE MARQUIS.

Eft-il vrai auffi, comme Lucile le dit, qu'il vous ait offenfé?

DUCHESNE.

Oui, Monfieur le Marquis, eh nom d'une galère! je veux faire ramer ce gaillard là, moi!.. Il m'a défié! mais double aviron, nous allons bouliner enfemble!... Sachez, jarnombleu! que Duchefne eft toujours le même, & ce qu'il a dit une fois eft moulé pour la vie...., Oui milzieux! j'aime Mamfelle Lucile, & je veux couler bas
tou

tous mes rivaux. Mais triple bastingage! s'il en
paroit su l'horison un autre plus amoureux ou
plus brave que moi, j'amene devant lui, & je
me retire à fond de cale.

LE MARQUIS.

Allons, père Duchesne, il n'y a rien à vous
répondre, vous avez l'âme d'un loyal & preux
Chevalier.... En ce cas, je consens à ce que vous
voyez votre adversaire. Je l'avais fait arrêter dans
la premiere cour du Château; mais puisque vous
voulez absolument vous mesurer avec lui, je vais
ordonner qu'on le laisse approcher; & je fais bien
sincèrement des vœux pour que la victoire cou-
ronne un amant aussi parfait.   (Il s'en va.)

SCENE XIV.

DUCHESNE, *seul.*

A LA bonne heure! v'la tout ce que je demande.... (*Il releve son fusil.*) Ah! triple cara-
bine! me v'la donc libre enfin, & nous allons un
peu nous remanier sous nos basses voiles. (*Il fait
jouer le ressort de son fusil.*) Bon, ça peut en déta-
cher.... Voyons donc un peu ce luron-la, s'il
est aussi diable comme son encre est noire.... Je
ne suis pas fâché de st'avanture là, milzieux!...
Y avoit un peu trop longtems que je n'avois ma-
nœuvré... Ce petit abordage-la va me dérouiller....
Je l'entens, je crois; allons, morbleu Duchesne,
v'la l'ennemi! face en avant! & vive le Roi.

D

SCENE XV.

DUCHESNE *marche en avant,* VA-DE-BON-CŒUR *entre & marche à lui ; il a des mouslaches , une capote sur son habit d'uniforme &c.*

VA-DE-BON-CŒUR.

Est-ce vous qui êtes le père Duchesne.?

DUCHESNE.

Oui , f.... franchement , c'est moi, à la vie & à la mort. Et vous , n'êtes vous pas ce b..... Bombardier que j'attens ?

VA-DE-BON-CŒUR.

Oui , lui-même.

DUCHESNE.

Ah ben, mil nom d'un boulet rouge !...

VA-DE-BON-CŒUR, *fermement.*

Chut !... Ne jurez pas.

DUCHESNE.

Comment ! mille sabords ! que je ne jure pas!.. Pourquoi donc ça?

VA-DE-BON-CŒUR.

Parce que ça ne fait peur qu'aux femmes, & qu'il n'y en a pas ici.

DUCHESNE.

Eh nargue des moustaches de tous les f...Flibustiers de l'Amérique ! est-ce vous qui m'empêchera de jurer ?

VA-DE-BON-CŒUR, *le prenant par la main.*

Ecoutez, père ; les enfans crient, les femmes pleurent, les faux braves jurent ; & les gens de cœur agiffent.

DUCHESNE, *s'emportant & fautant fur fes armes.*

Ah ben, triple millions de bayonnettes, agif-fons donc fi tu en as du cœur.... Mais tu n'as pas d'armes ... Comment f. ... Flibuftier man-qué ! tu m'infultes de loin avec ta plume, & tu viens te battre de près avec ta langue.... Mais tien, ventrebleu ! je fuis mieux outillé que toi. En v'la pour nous deux. Choifi là-dedans, & voyons fi tu te bats auffi dur comme tu écris info-lamment ?

VA-DE-BON-CŒUR.

Vous n'avez-pas d'autres armes que cela ?

DUCHESNE.

Eh double & triple Arfenal ! combien t'en faut-il donc ? & puis j'ai encore un canon qui eft dans la cour.

VA-DE-BON-CŒUR.

Puifque vous me laiffez le choix, j'ai ma ma-nière de me battre & je ne la change jamais ; vous allez voir mes armes, on les porte toujours après moi. (*Il appelle dehors.*) Hola ! vous autres, avancez.

SCENE XVI.

LES PRÉCÉDENS, *deux hommes en Matelots*
entrent, l'un porte un petit baril sur son épaule,
l'autre porte une bougie allumée, & deux grandes
pipes de terre. Le premier pose son baril au milieu.
Le second met la bougie & les pipes sur la table.

VA-DE-BON-CŒUR.

C'EST bon, laissez-nous. (*Ils s'en vont.*) Allons Monsieur Duchesne, apprêtez-vous.
DUCHESNE.
Eh double feu de rempart! est-ce qu'il se moc-
que de moi donc celui-là.... Vous vous battez
à la Hollandaise donc vous, méchant?
VA-DE-BON-CŒUR.
Comment, à la Hollandaise!
DUCHESNE.
Eh oui, milzieux! des pipes & un.... quartaud
de bierre apparemment?
VA-DE-BON-CŒUR.
Ah! vous prenez cela pour de la bierre vous....
Vous avez raison, oui; c'est de la bierre à ma
façon à moi. Mais elle ne mousse pas celle-là,
elle saute.... (*Il le prend par le bras & lui dit for-*
tement & dans le bas de la voix.) C'est de la poudre
à canon.... Nous allons défoncer le baril, nous
mettrons la bougie allumée dans le milieu; &

le plus brave de nous deux y allumera fa pipe le premier..... Voilà la bierre que je vous offre, voyez fi vous voulez décoeffer la bouteille.

DUCHESNE, *lui tendant la main.*

Touchez-là milzieux !... Je n'ai jamais refufé de trinquer à ft'écot-là. ... Quand on a fervi avec les Jean Bart, ou les d'Eftaing & les Suffren, on fait faire péter ce bouchon là.... Allons, ventre-bleu ! chargez votre pipe. (*Il les prend toutes les deux & lui en préfente une, & charge l'autre.*)

SCENE XVII.

LES PRÉCÉDENS, **LUCILE**, *accourant.*

LUCILE, *venant du côté de Duchefne.*

O CIEL.... Monfieur Duchefne, fi vous avez de l'amitié pour moi, de grâce, arrêtez-vous.... (*A Va-de-bon-cœur.*) Et vous, Monfieur, de quel droit avez-vous ofé écrire à Monfieur, fur un ton auffi libre à mon égard?... Ne vous ayant jamais vu ni connu, pouviez-vous vous permettre une inconféquence auffi incroyable, & dont les fuites peuvent-être auffi funeftes.

DUCHESNE, *à Va-de-bon-cœur.*

Vous ne répondez rien.... Mamfeille Lucile, ce que vous faites là vous excufez dans mon âme de votre procédé de tantòt. A préfent, je vous crois encore plus que jamais une brave fille....

Mais f.... faut auffi vous prouver, que je fuis un b.... brave homme moi. Et triple roulement de tonnerre ! à préfent qu'il a tort à lui tout feul, je m'en vas vous le gréfiller & vous le calciner, comme la brique dans mes fourneaux.... Allons, milzieux ! voyons fi tu fais fumer. (*Il prend la bougie d'une main, fa hache de l'autre, & frappe fur le baril.*)

LUCILE, *effrayée, veut le retenir.*

Arrêtez Monfieur, Duchefne! (*Elle fe jette dans fes bras pour le retenir, il eft obligé de la foutenir, ce qui le retient en attitude.*)

SCENE XVIII.

LES PRÉCÉDENS, LE MARQUIS, LA MARQUISE, GILOTIN, *derriere eux des Domeftiques.*

GILOTIN, *traverfant le Théâtre en courant.*

EH, mon dieu, fauvons-nous, Monfeigneur! ce font des enragés qui vont faire fauter le Château comme une mine.

DUCHESNE, *dans la plus grande colère, tenant toujours Lucile.*

Retirez-vous, Monfieur le Marquis.... Madame, N'avancez pas.

LE MARQUIS, *allant à lui.*

C'est bien, c'est bien, Monsieur Duchesne ; en voilà assez comme cela pour votre honneur.

DUCHESNE.

Assez ! comment, millions de faux signaux.... Ah ! f.... faut donc que vous soyez contre moi aussi Monseigneur.

VA-DE-BON-CŒUR.

Au contraire Monsieur Duchesne, vous êtes lavé & parfaitement, j'ai voulu voir si vous étiez réellement un brave homme, & je suis enchanté de votre bravoure. Je baisse pavillon, j'avoue votre triomphe, & je consens à ce que vous épousiez Mademoiselle Lucile que vous méritez, pourvu qu'en retour vous m'accordiez votre estime & votre amitié.

DUCHESNE.

Ah ! noble victoire ! j'y consens. Vaincre & étouffer les superbes, mais pardonner aux vaincus, c'est le devoir d'un galant homme. Embrassez-moi. (*Il jette la hache & sa bougie.*)

VA-DE-BON-CŒUR, *l'embrasse.*

De tout mon cœur.... (*Après avoir embrassé Duchesne il va pour embrasser Lucile.*) Et vous, Mademoiselle, permettez....

LUCILE, *se retirant.*

Moi, Monsieur....

DUCHESNE, *le retenant par son habit.*

Alte-là donc, hé luron ! c'est consigné, ça.... Ou ben milzieux ! le baril est encore là, ainsi f... feu si vous voulez.

VA-DE-BON-CŒUR, *à qui le Marquis fait signe &c.*

Monsieur le Marquis, vous êtes content.....

Mon brave Monsieur Duchesne, & vous, ma chère Lucile, connaissez-moi donc enfin.... (*Il ôte ses moustaches, sa perruque noire & son manteau, & reste en uniforme.*)

LUCILE, *qui le reconnait.*

O ciel! c'est vous, mon frère!

VA-DE-BON-CŒUR, *l'embrassant.*

Oui, ma chère sœur!

DUCHESNE.

Vous, son frère!

VA-DE-BON-CŒUR.

Oui, son frère; & au lieu d'un rival comme vous l'avez cru, votre ami le plus sincère.

DUCHESNE.

Ami, mais ventrebleu.... ce baril de poudre pourtant! ça aurait fait sauter l'amitié!

VA-DE-BON-CŒUR.

Ah! cette poudre-la n'était pas meurtrière....: Examinez-la, vous qui êtes connaisseur.

DUCHESNE, *leve le couvercle du baril.*

Ah! triple explosion d'une bombe! qu'est-ce que c'est que ça? des étoffes! des bijoux.... Ah! Monseigneur. (*à part.*) Madame, je devine tout; cette poudre-la sort de votre manufacture.

VA-DE-BON-CŒUR.

Vous avez raison, c'est de Monseigneur......
Et voilà le brulot que Madame la Marquise a fourni pour allumer les pipes..... Lisez ce qu'il contient.

DUCHESNE, *lit.*

» Je donne & hipothéque un contrat de douze
» cens livres de rente, que je constitue sur la tête
» du premier enfant qui proviendra du mariage

« de Lucile & du père Duchesne.... » Ah! bonté divine! Madame la Marquise! comment reconnaître.... Ah! double Cap de Bonne-Espérance, Monsieur le Marquis.... V'la une façon ben galante de faire vos présens de noces!... (*à Vade bon-cœur.*) Mille bénédictions! mon camarade, v'la une bataille qui finit ben heureusement!.... Quoique ça je vous en veux de votre malice.... Si le père Duchesne avait calé pourtant?... Ah! faudra que nous traitions une amorce ensemble.

LE MARQUIS.

Eh bien, Messieurs, si votre querelle n'est pas terminée, le combat peut encore avoir lieu entre vous, mais c'est à table & le verre à la main.... (*Au peuple.*) Entrez, mes enfans, & que chacun prenne part à la Fête. (*On ouvre la Ferme, les gens du Château paroissent.*)

GILOTIN.

Eh ben, quoi! y n'a pas encor sauté donc lui?

LE MARQUIS.

Non, mais reste ici. Le bal va commencer, & nous allons tous sauter ensemble.

GILOTIN.

Pardine, il a un fier guignon sur moi st'homme la! v'la déjà deux fois qu'il en réchappe. Mais pour la troisième je l'attens au lendemain des noces.

SCENE XIX & dernière.

LES PRÉCÉDENS: *tous les gens du Château;*
un buffet bien garni & orné eſt aufond.

LE MARQUIS.

PÉRE Duchesne! vous avez voulu bruler de la
poudre & vous ſerez content. J'ai fait charger
les canons du Château, il eſt bien juſte de célé-
brer par une double décharge de notre Artillerie
les Noces du Canonier du Triomphant; allons
mes amis, feu. (*On entend le Canon.*)

GILOTIN.

Des canons! ah jarni! je m'en vas moi d'abord!..
(*Il ſe ſauve au premier coup.*)

DUCHESNE *ſautant de joye.*

Ah! double pétard! Mamſelle Lucile! la belle
ſymphonie! y me ſemble encor être à ce combat
où nous avons coulé bas deux Vaiſſeaux & mis
enſuite la flotte de l'Amiral Boſcawen.... Ah!
triple canonade! y n'y a que ça pour un brave
homme, une noce ou un combat.... (*à Va-de-*
bon cœur.) Allons nous mettre à table.... après
ça Mamſelle Lucile, ſongeons bien vite à gagner
la penſion qui eſt marquée deſſus le brulot de
Madame la Marquiſe. (*On tire toujours le canon.*)
(*Au Public.*) Meſſieurs, toute la baterie du
Château à beau tirer pour me faire honneur, tous
nos canons ne couvriraient pas un ſeul de vos mur-

mures ! & Duchefne confondu du moindre petit vent contraire que vous laifferiez foffluer contre lui, mettrait à la cape ; ferait fignal de détreffe & démâterait fous les coups de l'orage.... Mais auffi la moindre faveur de votre part eft pour lui la brife défirée qui le relève de la côte ; c'eft le préfage de fa victoire ; & le bruit de vos applaudiffemens eft la plus belle falve d'artillerie qu'il puiffe jamais entendre.

F I N.

On trouve chez CAILLEAU, *Libraire-Imprimeur, rue Gali-lande*, N°. 64, toutes les Pièces qui ont été jouées fur les Théâtres du Palais-Royal, des Grands Danfeurs du Roi, l'Ambigu-Comique, & généralement celles des grands Spectacles.

399

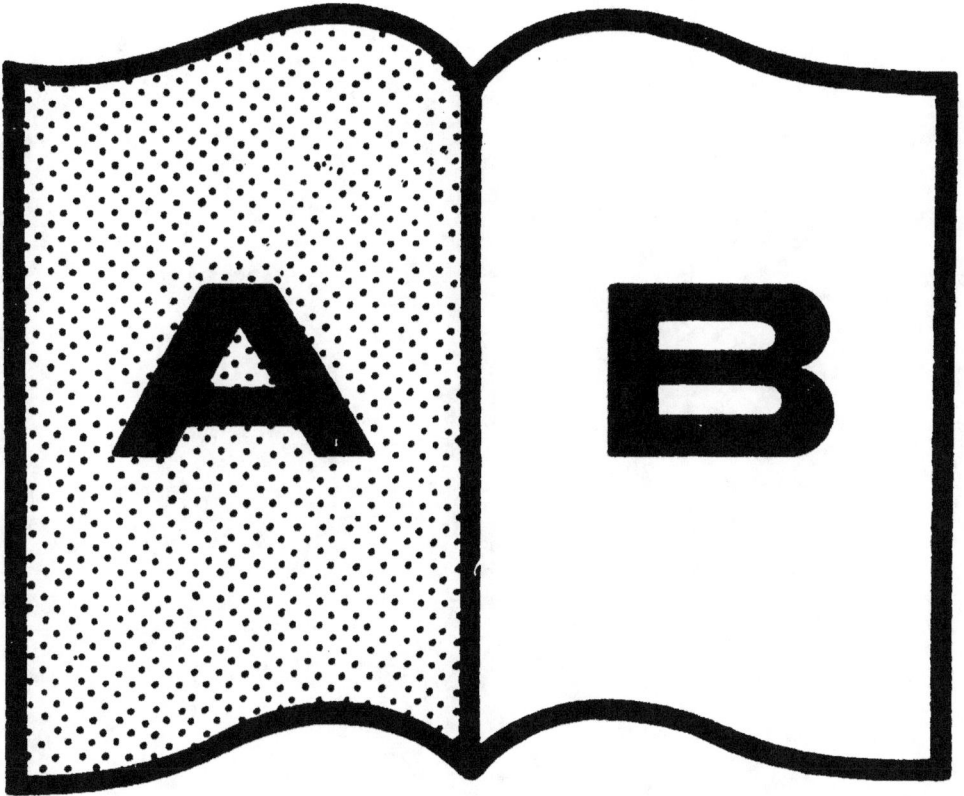

Contraste insuffisant

NF Z 43-120-14

www.ingramcontent.com/pod-product-compliance
Lightning Source LLC
LaVergne TN
LVHW022130080426
835511LV00007B/1099